DES FRONTONS

ET

DE LEURS PROPORTIONS.

V

IMPRIMERIE DE CASIMIR, RUE DE LA VIEILLE-MONNAIE, N° 12.

CONSIDÉRATIONS

SUR

LES FRONTONS,

AVEC

UNE MÉTHODE GÉNÉRALE

POUR DÉTERMINER LES PROPORTIONS DE CETTE PARTIE DES ÉDIFICES;

PAR C. STANISLAS L'ÉVEILLÉ,

INGÉNIEUR EN CHEF DES PONTS ET CHAUSSÉES.

Étudiez premièrement la science, et puis suivez la pratique, qui est un effet de la science.

LÉONARD DE VINCI.

PARIS,

CARILIAN-GOEURY, LIBRAIRE DU CORPS ROYAL DES PONTS ET CHAUSSÉES,

ET DU CORPS ROYAL DES MINES, QUAI DES AUGUSTINS, N° 41.

M DCCC XXIV.

CONSIDÉRATIONS

SUR

LES FRONTONS,

AVEC

UNE MÉTHODE GÉNÉRALE

POUR DÉTERMINER LES PROPORTIONS DE CETTE PARTIE DES ÉDIFICES.

De l'origine des Frontons.

Les maisons, à Rome, étaient ordinairement toutes couvertes en plates-formes (1); il n'y avait que les édifices consacrés aux dieux qui fussent surmontés de toits élevés, et César fut le premier à qui l'on permit d'établir la couverture de sa maison en pointe, à la manière de celle des temples (2).

Il n'y a pas très-long-temps encore, qu'en France, un pignon sur rue était l'indice d'une habitation considérable, et ce pourrait être de cette distinction affectée à la forme des couvertures, que sera résultée l'excessive hauteur de celles des édifices appelés gothiques, et, par suite, la forme de leurs voûtes en ogives.

Quoi qu'il en soit de l'importance de cette forme des couvertures, les Grecs, chez qui elle fut d'abord en usage (3), durent, pour en ter-

---

(1) Vitruve, traduction de Perrault, édition de M DC LXXXIV, page 78.

(2) *Idem*, et Blondel, *Cours d'architecture* (Origine des Frontons), seconde partie, livre septième.

(3) Les Corinthiens ont les premiers couvert leurs temples par un toit à deux ailes. (Blondel, comme dessus.)

miner dignement les extrémités, imaginer les Frontons qui couronnaient si élégamment les temples de leurs dieux (figure 1re, planche 1re), et il ne serait peut-être pas déraisonnable de penser que, si les triglyphes de la frise dorique, premier ordre en usage chez ces peuples (1), n'eussent exigé le retour de tout l'entablement, on eût laissé lisse, ou seulement orné de bas-reliefs, l'espace entre l'architrave et les corniches rampantes (figure 2me).

Des parties des Frontons.

On distingue dans un Fronton trois parties, savoir (figure 3me) : le tympan A, la corniche B, et les acrotères CC, sorte de piédestaux sans base, dont les Romains ont particulièrement fait usage pour placer des statues au-dessus de leurs temples.

De la hauteur des Frontons.

Il est évident, au peu de hauteur que Vitruve prescrit de donner aux Frontons, que c'est surtout d'après les monumens grecs que cet auteur a déterminé les proportions de cette partie des édifices. Cependant les architectes romains, non-seulement se sont beaucoup écartés de ses règles à cet égard, mais, oubliant la première destination des Frontons, ils en ont décoré des portes, des croisées et des niches à l'intérieur (figure 5me), et quelquefois aussi ils ont altéré leur forme originelle triangulaire en l'arrondissant, comme il se voit aux petits autels du Panthéon de Rome (figure 6), ou en leur donnant une forme bizarre comme à Palmyre et à Balbeck.

Selon Vitruve, la hauteur du tympan (figure 3) doit être la *neu-*

---

(1) Vitruve, traduction comme dessus, page 105 (1er temple bâti à Junon dans Argos, par Dorus, fils d'Hélènes et de la nymphe Optique).

vième partie de la longueur de la couronne, d'une des extrémités de la cymaise à l'autre (1); mais, ceux qui sont venus après cet architecte, trouvant ces Frontons trop écrasés, ont prescrit d'autres règles dont le moindre des inconvéniens est qu'elles diffèrent toutes entre elles; ainsi, Scamozzi veut que la hauteur des Frontons soit, à leur sommet, les $\frac{2}{9}$ de leur base, d'autres ne donnent que $\frac{1}{6}$ à cette hauteur, d'autres $\frac{1}{7}$, et, de notre temps, les architectes semblent la renfermer entre le $\frac{1}{4}$ et le $\frac{1}{5}$ (2); enfin, Serlio a enseigné une méthode graphique, qui consiste à partager la longueur QT de la corniche horizontale, ou base du Fronton (figure 4), en deux parties égales, par une perpendiculaire VX, à faire AX, égale à AT, ou AQ, et du point X, pris pour centre, avec une ouverture de compas égale à QX ou TX, à décrire l'arc de cercle QYT qui détermine sur la perpendiculaire VX le point Y sommet du Fronton (3).

Il me semble qu'aucune des règles proposées, soit par Serlio, soit par Scamozzi, ou par les autres maîtres, n'a une application assez générale pour être préférée à celle de Vitruve, de laquelle ces règles se rapprochent d'ailleurs beaucoup pour les édifices de peu d'étendue; en effet, si, depuis le Fronton qui surmonte les deux colonnes des petits autels du Panthéon, jusqu'à celui du portique octostyle (4) de ce bel

---

(1) Il ne faut pas confondre la cymaise de la couronne, c'est-à-dire, du larmier, avec la grande cymaise qui, selon Vitruve, ne doit surmonter que les corniches des Frontons, et ainsi ne se mettre aux corniches droites que lorsque ces corniches sont latérales, ou lorsqu'elles appartiennent à des ordonnances qui n'ont pas de frontispice (Blondel, *de l'ordre toscan et de l'ordre dorique*, livre 1er du *Cours d'architecture.*)

(2) Les *Leçons d'architecture* de M. Durand (1er volume, page 81).

(3) On doit ne pas perdre de vue que, toutes les fois qu'il s'agit de la hauteur des Frontons, cette hauteur est prise sous la grande cymaise.

(4) *Octostyle* (à huit styles ou colonnes). Vitruve distingue les portiques des temples, quant au nombre de leurs colonnes, en *tétrastyles*, qui ont quatre colonnes de front, *héxastyles*, qui en ont six, *octostyles*, qui en ont huit, et *décastyles*, qui en ont dix.

édifice, la méthode de Serlio, et la règle de Scamozzi, s'écartent peu des principes d'après lesquels ont été déterminées les proportions admirables de ces Frontons, comment, d'après les règles de ces auteurs, déterminera-t-on les proportions du Fronton d'un portique décastyle, tel qu'on peut le supposer au temple d'Apollon Didyme près Milet, ou celles d'un édifice qui, comme le frontispice de Néron à Rome, aurait pu, selon Palladio, avoir douze colonnes de face?

En faisant l'application de ces règles à différens portiques (figure 8), on voit que déjà, au décastyle, la hauteur du Fronton avec celle de l'entablement surpasseraient ensemble la hauteur des colonnes, même corinthiennes, et que cette hauteur excessive s'accroîtrait encore progressivement, et d'une manière entièrement inadmissible, en raison du plus grand nombre des colonnes.

Certes, dans ces cas extrêmes, la règle de Vitruve serait préférable à toutes les autres, ainsi qu'on peut le voir à la même figure, où les résultats en sont indiqués en lignes ponctuées; et ces résultats, qui ne sont pas sans exemples, s'appliqueraient encore au Panthéon d'Adrien à Athènes, ou au temple d'Apollon que nous avons cité plus haut, l'un et l'autre décastyles, et dont les tympans auraient pour hauteur, au premier, un peu moins, et au second, un peu plus du neuvième de la longueur de la corniche horizontale (1).

Si même on compare la règle de Vitruve aux temples octostyles des anciens, on verra qu'à ceux de Jupiter tonnant, de Neptune, de Jupiter Stator, à la Basilique d'Antonin, etc., la hauteur du tympan aurait, tout au plus, les $\frac{1}{15}$ de la longueur de la corniche horizontale, propor-

(1) Nous avons pris nos exemples dans le *Parallèle des édifices anciens et modernes*, de M. Durand. C'est aussi d'après cet ouvrage que nous avons établi nos comparaisons, en adoptant, sans discuter, les dénominations qui y sont données aux divers monumens, comme aussi leurs proportions établies sur des restaurations.

tion peu différente de $\frac{2}{18}$. Enfin, moins les frontispices ont de colonnes, plus la règle de Vitruve se rapproche de celles de Serlio et de Scamozzi, ainsi qu'on peut le voir aux figures 3 et 7.

Au reste, toutes ces règles paraissent établies sur celle de la pente que chacun de leurs auteurs a jugé le plus convenable de donner aux combles, pour en obtenir le prompt écoulement des eaux de pluie. Vitruve est peut-être le seul qui, puisant ses principes sous le ciel pur de la Grèce, a pu n'avoir que peu d'égards à cette considération, et fixer ainsi, au neuvième seulement de la longueur de la corniche horizontale, la hauteur du tympan des Frontons, conformément aux beaux modèles qu'il pouvait avoir eu sous les yeux (1). Mais en Italie, où des pluies assez fréquentes exigent des couvertures plus élevées, on a dû abandonner le précepte des Grecs, adopté par Vitruve, et, de là, la règle de Scamozzi, qui donne à la hauteur des Frontons les $\frac{2}{9}$ de leur base, et celle de Serlio, qui donne, un peu en moins, le même résultat: enfin, sous le ciel pluvieux de nos climats, on a dû augmenter encore cette hauteur des Frontons, et quelques architectes n'ont pas craint de la porter jusqu'au quart de la longueur de la corniche horizontale (2).

Des règles établies sur des considérations locales, peuvent quelquefois tenir lieu de principes; mais il me semble que, sans blâmer les modifications que des circonstances particulières peuvent autoriser, il n'en est pas moins utile de chercher à poser ces principes, et, quand ils seront reconnus, de les consacrer par des règles générales.

Or, le principal inconvénient des règles proposées depuis Vitruve, se trouvant dans l'inclinaison uniforme des corniches de tous les Frontons, quel que soit le nombre des colonnes qu'ils surmontent, et

(1) Le portique du temple ionique, près de l'Illissus, d'après Stuart, en est un exemple; et si le tympan du portique d'Athènes a de hauteur le huitième, celui du Fronton de Minerve Poliade n'a que le seizième au plus.

(2) Fontana.

cette uniformité ne se rencontrant point dans les monumens des anciens, puisque, ainsi qu'il est aisé de l'observer, les corniches de leurs Frontons sont d'autant moins inclinées à l'horizon, que leurs frontispices comprennent un plus grand nombre de colonnes, il paraît qu'aucun des maîtres modernes n'a suffisamment envisagé la question, et qu'ainsi la loi générale d'après laquelle on doit déterminer les proportions des Frontons, reste encore à trouver.

En attendant une plus ample solution de ce problème, je vais offrir les résultats de quelques recherches auxquelles j'ai été engagé par le besoin d'indiquer une méthode qui puisse s'appliquer à tous les cas.

Méthode générale pour déterminer les proportions des Frontons.

Soit A (figure 1, planche 2) un portique tétrastyle d'ordre ionique, établi d'après les proportions de Vignole, et *ab* la longueur totale de la corniche horizontale qui forme la base du Fronton de ce portique.

Si, des points *a* et *b*, pris successivement pour centre, et avec une ouverture de compas égale à la longueur totale *ab* de la corniche, on décrit les arcs de cercle *ax*, *bx*, l'intersection de ces arcs sur la perpendiculaire VX, donnera en *x*, un point duquel, comme centre, et avec la même ouverture de compas *ab*, on décrira l'arc *ayb*, qui déterminera, en *y*, la hauteur du tympan.

En dessus, et de ce point *y* comme centre (1), et avec une ouverture de compas égale à l'épaisseur de la corniche horizontale (2), on décrira

(1) Vitruve, en prescrivant la hauteur du tympan, n'enseigne pas comment on doit diriger l'inclinaison de la pente du Fronton. Bien que ce moyen soit très-simple et facile à imaginer, il pouvait ne pas être inutile d'en faire mention. Ce moyen devait être le même que celui que nous employons ici, et il est indiqué sur la figure 3e de la planche 1re, par la portion de cercle ponctuée et affectée des lettres *c p v x q*.

(2) On sait que les corniches droites et inclinées des Frontons modernes sont ordinairement semblables et égales entre elles. Cette règle n'est pas de rigueur, et cela d'autant

une portion de cercle *fyg*, pour y mener tangentiellement, et par les extrémités *a* et *b* de la corniche horizontale, les lignes d'inclinaison *ad*, *bd* de la corniche du Fronton, et il ne restera plus qu'à accompagner ces lignes d'autant de parallèles que besoin, les unes en dessous, pour y exprimer, dans leurs rapports entre eux, tous les membres de la corniche, et les autres en dessus, pour y exprimer ceux de la grande cymaise.

Soient, pareillement, les portiques octostyle B, et dodécastyle C (même figure), dont la longueur et l'épaisseur des corniches horizontales sont données; si on détermine de la même manière la hauteur des tympans et l'inclinaison des corniches de leurs Frontons, il en résultera que les hauteurs successives des Frontons iront progressivement en diminuant, en raison du plus grand nombre des colonnes, et suivant une loi qui semble satisfaire à la question; car non-seulement elle évite le trop peu d'élévation que l'on reproche aux tympans de Vitruve, mais encore, en choisissant les cas, elle s'accorde avec toutes les autres règles.

Ainsi, pour un porche à deux colonnes ioniques, élevé selon les proportions des portiques sans piédestal de Vignole (1) (figure 2), la hauteur totale du Fronton, sous la grande cymaise, est entre le quart et le cinquième de la longueur de sa base, rapport adopté par les architectes modernes, et cette hauteur est très-rapprochée des $\frac{2}{9}$ de Scamozzi; au tétrastyle A, cette hauteur ne diffère pas sensiblement en moins de celle que l'on obtiendrait par la méthode de Serlio (2): au-delà, c'est-à-dire, aux

moins qu'elle est contraire aux principes, comme nous le verrons plus loin, et que, dans bien des cas, elle est d'une application qui engendre d'assez graves inconvéniens.

(1) J'ai dû, pour exemple de la méthode que je propose, faire choix de l'ordre ionique de Vignole, d'abord parce qu'il me semble le plus pur et le mieux proportionné des cinq ordres de ce maître, et surtout parce que la saillie de sa corniche, sans y comprendre la grande cymaise, et son épaisseur, tiennent le milieu entre les saillies et les hauteurs des corniches des autres ordres; ce qui n'est pas indifférent ici, où ces proportions influent assez sensiblement sur les données qui servent de base aux opérations.

(2) On a remarqué que l'angle au sommet des Frontons construits d'après la méthode

héxastyles, octostyles, etc. etc., elle se trouve entre le sixième et le septième, proportions prescrites par quelques architectes, et qui est encore appuyé par de nombreux exemples antiques.

C'est donc cette méthode générale que je propose d'adopter.

De la Corniche des Frontons.

En parlant de l'origine des Frontons, j'ai supposé que la nécessité de conserver les triglyphes, qui sont le principal caractère de l'ordonnance dorique, avait pu empêcher de supprimer la frise et la corniche horizontales des frontispices des temples (1) : on peut ajouter à ce motif la

---

de Serlio, est égal à celui *p q r* de la circonférence d'un octogone X (figure 4e, planche 1re), puisqu'en effet, le point X étant le centre de l'arc QVT que l'on décrit, les deux rayons XQ et XT forment un angle droit. (Bélidor.)

En essayant de faire une remarque analogue sur les élémens de la nouvelle méthode (planche 2e), on pourrait croire, après avoir obtenu le dodécagone X, que l'angle au sommet de tous les Frontons serait égal à celui *p q r* de ce poligone ; ce qui n'est pas, et ne serait, en effet, que si l'inclinaison des corniches de ces Frontons était parallèle aux côtés du dodécagone.

Mais il n'en est pas ainsi, et c'est en cela même que la méthode proposée diffère essentiellement de celle de Serlio, et des autres règles inventées depuis Vitruve : car, au moyen de l'arc de cercle *g d f*, dont le rayon est égal à la hauteur de la corniche horizontale, et dont le centre est sur l'arc *a y b*, au point *y*, sommet du tympan, on s'éloigne d'autant plus du parallélisme au côté du poligone X, que la base du Fronton est moins longue, ainsi qu'on peut s'en convaincre en observant la figure 3 (même planche), où l'on voit de suite que plus les rayons *d a*, *d b*, etc., perpendiculaires aux tangentes *a* 1, *b* 2, etc., approchent d'être parallèles à la ligne horizontale LM, plus les tangentes approchent d'être parallèles à la verticale PN.

Enfin, cette particularité de la nouvelle méthode lui donne encore l'avantage sur les autres, en ce que (figure 2e, planche 2e) plus le rayon du petit cercle *g d f* est grand, plus la pente du Fronton augmente ; ce qui fait que la question est résolue, non-seulement quelle que soit la longueur des bases, mais encore quelles que soient les proportions des corniches.

(1) Blondel, en traitant des défauts des Frontons, observe que, pour ne point s'écarter de la sévérité de la nature, on ne doit point mettre de corniche horizontale aux façades où il y a des Frontons, et il rapporte ailleurs quelques exemples de ce genre,

difficulté que présentait encore le retour des membres horizontaux de la corniche des faces latérales suivant l'inclinaison des Frontons ; car on ne pouvait exécuter ce retour comme il est indiqué en A (figure 4, planche 2) (1), et pour faire la corniche latérale de la manière qu'elle est exprimée (figure 5), il eût fallu, en quelque sorte, faire rétrograder l'art; ce qui pouvait être devenu hasardeux d'entreprendre, alors que l'architecture, élevant de magnifiques monumens, devait, depuis longtemps avoir perdu de vue l'humble cabane où elle avait pris naissance (2).

---

tirés des édifices antiques, et particulièrement des Thermes de Dioclétien... On peut ne pas être de l'avis de Blondel, en considérant que jamais les anciens ne se sont abstenus de mettre la corniche horizontale aux frontispices des temples; on peut objecter aussi que les corniches rampantes qui terminent les pignons des salles des Thermes, des Basiliques, etc., ne sont point des Frontons : ces observations sont au moins susceptibles de discussion. C'est aux professeurs qu'il appartient de rectifier, s'il y a lieu de le faire, les conséquences de l'opinion de Blondel à cet égard.

(1) Avec un peu d'attention, on remarque que, dans ce cas, le retour des plafonds de chaque membre formerait lui-même une espèce d'autre membre, ainsi qu'il est exprimé en B de la même figure.

(2) L'inclinaison des plafonds de la corniche existe à la plupart des larmiers des temples doriques anciens, comme au grand temple de Pœstum (figure 6e) : elle se trouve, à Rome, à l'entablement dorique du théâtre de Marcellus (figure 7e); au temple de Ségeste (figure 8e), cette inclinaison paraît ne pas différer de la pente moyenne des Frontons, et à ces remarques particulières, on peut ajouter celles faites sur les lieux par Le Roi. Cet architecte rappelle que Vitruve nous apprend.... que le mutule fut imité de la saillie des forces du comble; ce qui paraît d'autant mieux prouvé, que la face de ce mutule, sous laquelle sont les gouttes, est inclinée au temple de Thésée (*a*), et précisément de l'inclinaison des deux côtés rampans du Fronton. (Le Roy, *Ruines des plus beaux monumens de la Grèce.*)

(*a*) Le temple de Thésée a été bâti dix ans environ après la bataille de Marathon; il paraît que son architecture a servi de modèle aux temples et aux édifices les plus célèbres qui furent faits, peu de temps après, à Athènes, sous le gouvernement de Périclès. (*Idem*).

Cette empreinte de l'origine des corniches, comme tant d'autres types qui restent encore de celles des diverses parties des entablemens grecs, fait regretter que, de nos jours, quelques architectes aient affecté un dédain si prononcé pour cette cabane ingénieuse, surtout si l'on considère que c'est encore pour les monumens qui ont le plus de rapport avec l'unité de son ensemble que l'on a la plus unanime admiration.

Cette difficulté du retour des corniches, qui avait disparu par la conservation de la corniche horizontale, s'est représentée plus tard, lorsque, considérant la grande cymaise comme partie essentielle des corniches (1), on dut supposer que celle des Frontons n'en était que le prolongement; mais la courbure de cette cymaise rendant sa longueur moindre à sa partie inférieure (figure 9, planche 1), qu'à sa partie supérieure, on surmonta cet obstacle en faisant la cymaise des Frontons plus haute que celle des corniches latérales (2); et, lorsque les Frontons

---

(1) Il n'y avait point de grande cymaise à la corniche latérale du temple de Minerve (voyez son profil figure 9e, planche 2e); il n'y en avait pas même à la corniche du Fronton du temple de Thésée (Le Roy.)

(2) C'est ici particulièrement que l'on peut faire observer combien, dans ces derniers siècles, l'architecture se trouve écartée de ses principes; car, chez les anciens Grecs, les corniches horizontales n'étaient qu'un simple larmier avec ses mutules, dont les plafonds, inclinés conformément à leur origine, versaient l'eau des pluies loin des murailles des édifices. (Voir le *Parallèle des Edifices* de M. Durand, planches 63 et 65.) Le larmier n'était surmonté que d'un simple filet, ou d'une petite cymaise (figures 6e et 9e), dont l'épaisseur recevait et cachait le bout des tuiles de la couverture, et les membres au-dessous du larmier appartenaient évidemment à la frise. Depuis, en s'écartant de l'origine des corniches, on en supprima les mutules, en remplaçant l'inclinaison des plafonds par des refouillemens; on racheta ces refouillemens par une autre petite cymaise, entre le larmier et la frise, et nous avons dit quel fut le motif de la grande cymaise, qui, de la corniche des Frontons, passa par suite sur les corniches latérales.

Tel était à peu près l'état de déviation des principes de l'architecture, lorsque les Romains, vainqueurs des Grecs, en transplantèrent les arts en Italie. Ce peuple, loin de regarder ces premiers écarts comme des abus, crut tendre à la perfection, en ajoutant de nouveaux détails, sans motifs, aux détails déjà trop multipliés des corniches, dont, bientôt, le larmier ne fut plus qu'un des membres les moins apparens, ainsi qu'on peut le voir à l'entablement du temple de la Fortune Virile (figure 10e).

Enfin, les modernes, en prolongeant leurs toits au-delà de la grande cymaise, ont rendu les larmiers tout aussi inutiles que les autres moulures, dont ils ont capricieusement varié les combinaisons; et à peine se souviendrait-on de la première destination de cette partie essentielle des corniches, s'ils n'eussent conservé à son plafond des refouillemens, et cette mouchette, qu'ils eussent tout aussi bien fait de supprimer, puisque tout ce travail ne tend qu'à augmenter la confusion des ressauts désagréables de leurs profils.

« C'est aussi une vérité en architecture, que les plaisirs y naissent des besoins. L'en-

(par un nouvel abus des convenances) ne couronnaient qu'une partie des façades, quelques modernes imaginèrent un ressaut (figure 10), qui conserve la même épaisseur aux deux cymaises. Enfin d'autres, pour ne donner à la cymaise du Fronton que ses justes proportions, ont préféré diminuer la hauteur des cimaises latérales (figure 10), et ce parti me paraissant être le plus raisonnable, c'est celui que je propose d'adopter.

Les Grecs, n'ayant point vu de similitude entre les pentes et les égouts des couvertures de leurs édifices, ne durent point chercher à en mettre entre les corniches des faces latérales qui terminaient les égouts, et celles des Frontons qui terminaient les pentes; de là, la grande simplicité de ces dernières à presque tous leurs monumens, et toujours, comme au portique du temple de Thésée et à celui du Parthénon à Athènes, la suppression des mutules aux corniches des Frontons d'ordonnance dorique.

Les Romains ont cru que ces corniches devaient être semblables, et, en adoptant particulièrement les modillons et les denticules dont ils enrichissaient les couronnemens de leurs somptueux édifices, ils se gardèrent bien de les supprimer aux corniches des Frontons, ainsi que le témoigne le fragment du frontispice de Néron. Les modernes ont suivi leur exemple, et la figure 7 de la planche 1re est le dessin d'un de ces Frontons qui surmonte un portique tétrastyle corinthien, selon les proportions de Vignole.

On y voit que les modillons et les denticules de la corniche horizontale

---

» tablement égyptien nous en offre la preuve. Cette partie si belle et si riche de l'archi-
» tecture grecque, ne dut sa richesse et sa beauté qu'à toutes les servitudes auxquelles
» les rapports nécessaires des plafonds, des solives, des chevrons, du comble et des
» toitures, avaient assujetti et le modèle et son imitation. L'architecture égyptienne,
» subordonnée par son principe imitatif (les grottes) à moins de nécessité, puisa dans
» une source moins féconde en beautés, etc. » (Quatremère, 2e partie, page 118.)

sont répétés à la corniche du Fronton, où ils se trouvent à-plomb des premiers; mais on remarquera qu'une partie de ces ornemens de la corniche du Fronton est tracée verticalement, et que l'autre l'est perpendiculairement à sa pente. Cette dernière méthode n'a été imaginée que par quelques modernes (1) qui, voulant se montrer scrupuleux sur les principes, ont prétendu se rapprocher ainsi de l'origine des modillons qu'ils croyaient retrouver dans les pannes des combles qui sont en effet ordinairement perpendiculaires à la pente de ce dernier.

Les Romains, plus sages, après avoir, pour tout le reste, abandonné ces principes, n'ont plus prétendu y revenir; ils ont fait verticales les faces latérales de leurs modillons et celles des denticules. C'est leurs monumens qu'il faut prendre pour modèles après s'être autant écarté de ceux des Grecs; ou, si l'on devait hésiter ici, il serait préférable peut-être à l'une et à l'autre méthode, de supprimer ces ornemens aux corniches des Frontons, sauf à les remplacer par des moulures sculptées (2): ou, mieux encore, à diminuer d'autant le nombre des membres sous le larmier, simplicité qui pourrait mieux convenir au couronnement des tympans qui sont toujours suffisamment ornés par les bas-reliefs dont on a coutume de les décorer.

Au reste, pour terminer ce que j'avais à dire de relatif aux corniches des Frontons, je n'ai plus qu'à consigner ici ce principe adopté, que ceux de leurs membres qui sont une répétition des membres de la corniche horizontale, doivent être égaux à ces derniers, tant en saillie qu'en hauteur, et qu'ainsi, pour établir les proportions de la corniche d'un

---

(1) Mansard, au fronton de Sainte-Marie, rue Saint-Antoine, à Paris; Gittard, au portail latéral de Saint-Sulpice.

(2) Palladio rapporte qu'en la ville de Schisi, il y a un exemple d'un Fronton dont la corniche pendante est sans modillons, bien que les autres, qui sont de niveau, en aient..... A la place des modillons au Fronton, il y a une grande cymaise ou doucine, recouverte de feuillages. (Note de Perrault, livre II de la traduction de Vitruve.)

Fronton (figure 7, planche 1), il faut le faire suivant une ligne *ab* perpendiculaire à sa pente, et égale à la ligne à-plomb a ' b', qui comprend tous les membres de la corniche horizontale, et, dans ce cas particulier, l'astragale que Vignole fait ici dépendre de la frise.

Des Acrotères.

On distingue l'acrotère du milieu (1), ou celui qui est au sommet des Frontons, des acrotères des coins, qui sont aux extrémités des pentes. Le

---

(1) Si l'on en excepté le portique d'Athènes, au-dessus duquel, indépendamment de deux petits socles, à peine visibles, aux extrémités des pentes du Fronton, et en surplomb avec la frise, on voit, à son sommet, une espèce de large piédestal (où Stuart suppose qu'était placée une statue équestre, représentant Lucius César), et qui a quelque rapport avec l'acrotère du milieu des Frontons, on ne voit pas que les temples qui nous restent des Grecs aient été surmontés de statues au-dessus de leurs couvertures : ce ne fut que plus tard qu'ils couronnèrent leurs édifices de statues de terre cuite, telles que celles qui, au rapport de Pausanias, étaient au sommet du portique royal, et représentaient Thésée qui précipite Sciron dans la mer, et l'Aurore qui enlève Céphale (*Voyages d'Anacharsis*). Les Romains, au contraire, surmontaient de statues tous leurs édifices, et ce fut ainsi que ces vainqueurs de la terre, après avoir dédié des autels aux empereurs, et remplacé, dans le sanctuaire, les statues de Jupiter, très-bon et très-grand, par les statues d'Octave et de Néron, reléguèrent les images des dieux sur le faîte de leurs temples, où, comme de ridicules enseignes, elles ne reçurent bientôt plus que la fumée qui s'échappait des sacrifices que l'on prodiguait aux idoles d'une honteuse adulation.

De là ces piédestaux mutilés, qui semblent à peine appuyés sur la croupe des Frontons, et que Vitruve, trouvant en usage de son temps, a regardé comme une dépendance essentielle de cette partie des édifices.

Les acrotères des édifices romains ont été imités par les architectes modernes ; de notre temps, on paraît s'être écarté de ces exemples ; et si, dans quelques cas, il a pu être convenable de conserver ceux des coins, parce qu'ils se raccordaient avec les piédestaux ou les plinthes, dont, assez récemment, on a imaginé de surmonter les entablemens latéraux, on a du moins entièrement supprimé celui du milieu, en se contentant d'exprimer, par des bas-reliefs dans les tympans des Frontons, ou par des inscriptions dans les frises des entablemens, la dédicace des édifices, ou la munificence de leurs fondateurs.

nu des faces des uns et des autres (1) est toujours, dans l'architecture moderne, à-plomb du haut des colonnes et par conséquent du nu des tympans et de celui de la frise de l'entablement (figure 11 et 12, planche 1).

Les acrotères des coins peuvent être carrés C (figure 3), pour ne supporter qu'une seule statue, ou bien ils peuvent se prolonger jusqu'à la pente des frontons C, pour supporter des groupes.

Ils sont ordinairement surmontés d'un petit couronnement qui peut n'être qu'un simple bandeau, et qui, le plus souvent, est une corniche analogue à celles des piédestaux de l'ordonnance à laquelle ils sont employés.

La hauteur des acrotères des coins, prise sous le couronnement, doit, selon Vitruve, être égale à celle du tympan des Frontons qu'ils surmontent; la hauteur de l'acrotère du milieu doit excéder de $\frac{1}{8}$ la hauteur de ceux des coins, et le couronnement, aux uns et aux autres, doit être $\frac{1}{6}$ de la hauteur de ceux des coins.

Mais cette règle, applicable, tout au plus, aux frontispices tétrastyles, ne peut l'être aux frontispices qui comprennent un plus grand nombre de colonnes, puisque, la hauteur des tympans augmentant en raison de la longueur de la base des Frontons, il s'ensuivrait que les

(1) Au portique d'Athènes, les acrotères des coins sont très-peu élevés, et portent, presqu'en entier, sur la corniche.

Il y a de semblables petits acrotères au temple de Minerve; mais, les uns et les autres portant entièrement à faux, il n'est pas croyable qu'ils aient été destinés à recevoir des statues.

Je n'ai connaissance de ceux du temple de Minerve que par l'ouvrage de Le Roy, et, en y remarquant que leur longueur est seulement en raison du retour très-peu considérable de la grande cymaise, j'ai conçu l'idée que ces petits socles, qui étaient d'ailleurs cachés par la saillie de la corniche, n'étaient destinés qu'à recevoir l'eau de pluie, et à la rassembler pour la conduire à une tête de lion qui ne se voit qu'à chacune des extrémités des corniches latérales de ce temple.

acrotères des coins formeraient une espèce de haute muraille au-dessus des Frontons, ainsi qu'il est exprimé par les lettres QPY de la figure 4.

En conséquence, Scamozzi a trouvé plus à propos, et il est en effet plus raisonnable, de faire dépendre la hauteur des acrotères des proportions de la corniche des frontispices auxquels ils appartiennent, cette corniche étant elle-même en rapport avec tout le reste de l'ordonnance. D'après ces considérations, la plus grande hauteur des acrotères des coins avec leur couronnement, sera égale à la saillie de la corniche de l'entablement, c'est-à-dire, que *mn* sera égale à *kl* (figure 2, planche 2), et l'acrotère du milieu aura de hauteur $\frac{1}{8}$ de plus que ceux des coins (1).

(1) Cette règle de Scamozzi est rapportée par Blondel, dans son *Cours d'architecture*, où souvent cet auteur, malgré ses développemens, ne précise pas assez ce qui fait l'objet des questions qu'il traite. Ainsi, pour faire la hauteur des acrotères des coins égale à la hauteur de la corniche, on ne voit pas si l'on doit comprendre dans cette saillie celle de la grande cymaise, ce qui, je crois, doit avoir lieu : on ne sait si cette hauteur doit être prise du dessus de la corniche horizontale, ou du dessus de la pente du Fronton ; je crois que c'est du dessus de la pente. Enfin, on n'apprend pas quelles proportions exactes on doit donner au couronnement des acrotères, quand on lit seulement que ce couronnement doit être proportionné à la hauteur du dez. J'ai dû chercher à préciser ces proportions dans mon discours, et je l'ai fait sans discussion, parce que, autrement, j'aurais alongé, sans utilité, un article déjà suffisamment étendu, et avant la publication duquel l'érection d'un assez grand nombre de beaux édifices prouve que les maîtres n'ont pas absolument besoin de règles fixes pour bien faire.

FIN.

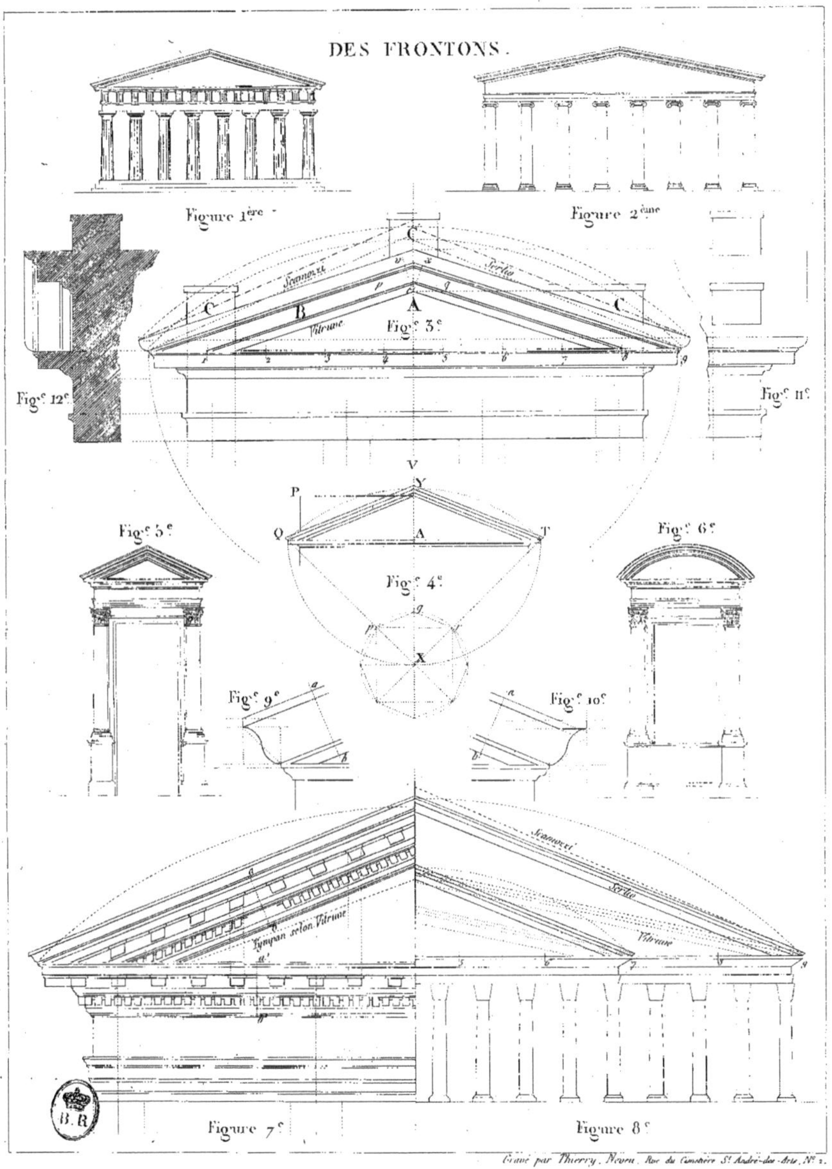

Gravé par Thierry, Neveu, Rue du Cimetière S.t André-des-Arts, N.o 2.

DES FRONTONS.

Fig.e 3e

Figure 2e

Figure 1ere

Figure 5e

Figure 4e

Fig.e 9e

d'un Temple de Minerve.

Figure 7e

du Théâtre de Marcellus.

Figure 10e

Temple de la Fortune Virile.

Fig.e 11e

d'un Temple sur les bords de l'Ilissus.

Fig.e 6e

Grand Temple de Pæstum.

Figure 8e

Temple de Ségeste.

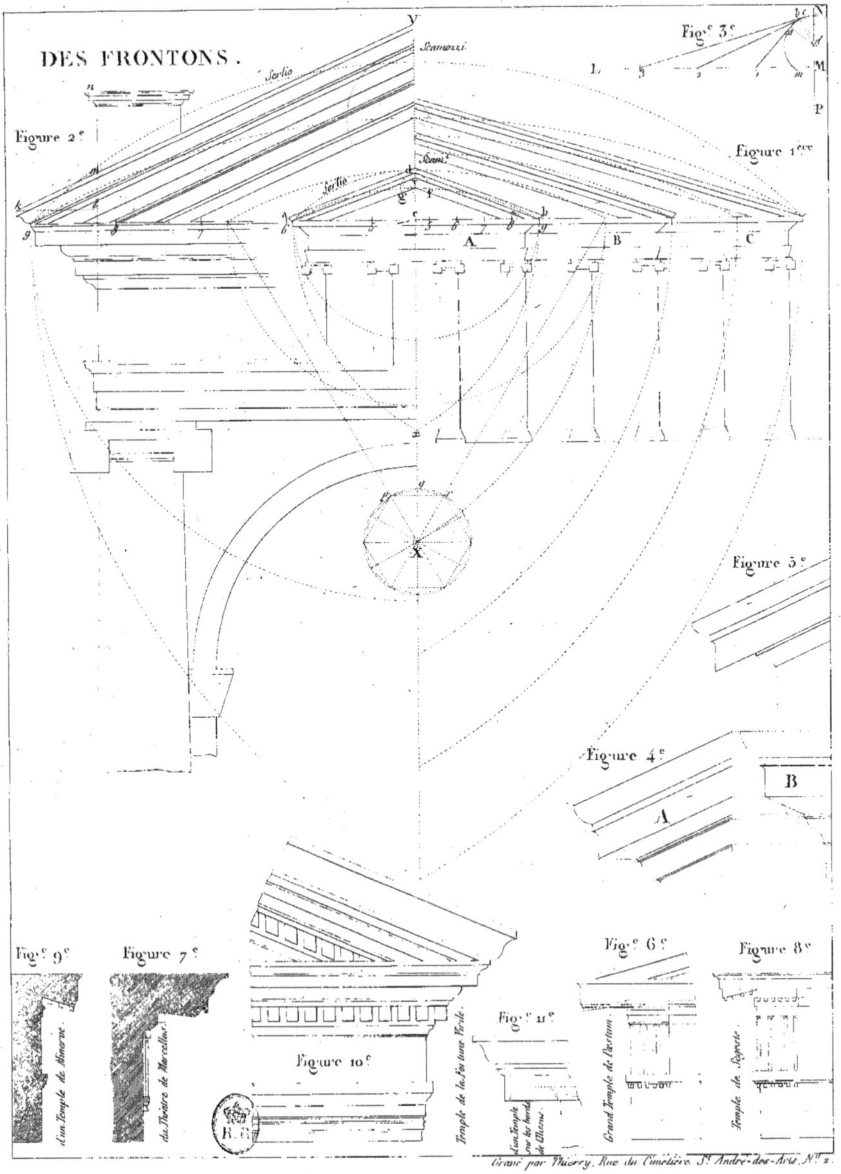

Gravé par Thierry, Rue du Cimetière St André-des-Arts, No. 2.

www.ingramcontent.com/pod-product-compliance
Ingram Content Group UK Ltd.
Pitfield, Milton Keynes, MK11 3LW, UK
UKHW022154260726
13993UKWH00005B/2356